THIS BOOK BELONGS TO

Day: _____   Date: _____

Day: _____   Date: _____

Day: _____   Date: _____

Day: _____   Date: _____

Day: _____   Date: _____

Day: _____   Date: _____

Day: _____   Date: _____

Day: _____   Date: _____

Day: _____   Date: _____

Day: _____   Date: _____

Day: _____   Date: _____

Day: _____   Date: _____

Day: _____   Date: _____

Day: _____   Date: _____

Day: _____   Date: _____

Day: _____   Date: _____

Day: _____   Date: _____

Day: _____ Date: _____

Day: _____   Date: _____

Day: _____   Date: _____

Day: _____   Date: _____

Day: _____   Date: _____

Day: _____   Date: _____

Day: _____   Date: _____

Day: _____ Date: _____

Day: _____   Date: _____

Day: _____   Date: _____

Day: _____   Date: _____

Day: _____   Date: _____

Day: _____   Date: _____

Day: _____   Date: _____

Day: _____   Date: _____

Day: _____   Date: _____

Day: _____ Date: _____

Day: _____   Date: _____

Day: _____   Date: _____

Day: _____   Date: _____

Day: _____   Date: _____

Day: _____   Date: _____

Day: _____   Date: _____

Day: _____   Date: _____

Day: _____   Date: _____

Day: _____   Date: _____

Day: _____   Date: _____

Day: _____   Date: _____

Day: _____   Date: _____

Day: _____   Date: _____

Day: _____   Date: _____

Day: _____   Date: _____

Day: _____   Date: _____

Day: _____   Date: _____

Day: _____   Date: _____

Day: _____   Date: _____

Day: _____   Date: _____

Day: _____   Date: _____

Day: _____   Date: _____

Day: _____   Date: _____

Day: _____   Date: _____

Day: _____   Date: _____

Day: _____   Date: _____

Day: _____ Date: _____

Day: _____   Date: _____

Day: _____   Date: _____

Day: _____ Date: _____

Day: _____   Date: _____

Day: _____ Date: _____

Day: _____ Date: _____

Day: _____   Date: _____

Day: _____   Date: _____

Day: _____   Date: _____

Day: _____   Date: _____

Day: _____   Date: _____

Day: _____   Date: _____

Day: _____   Date: _____

Day: _____   Date: _____

Day: _____   Date: _____

Day: _____   Date: _____

Day: _____   Date: _____

Day: _____   Date: _____

Day: _____ Date: _____

Day: _____ Date: _____

Day: _____   Date: _____

Day: _____   Date: _____

Day: _____   Date: _____

Day: _____   Date: _____

Day: _____   Date: _____

Day: _____ Date: _____

Day: _____   Date: _____

Day: _____   Date: _____

Day: _____   Date: _____

Day: _____   Date: _____

Day: _____   Date: _____

Day: _____   Date: _____

Day: _____   Date: _____

Day: _____   Date: _____

Day: _____   Date: _____

Day: _____   Date: _____

Day: _____   Date: _____

Day: _____   Date: _____

Day: _____   Date: _____

Day: _____   Date: _____

Day: _____   Date: _____

Day: _____ Date: _____

Day: _____   Date: _____

Day: _____   Date: _____

Day: _____

Date: _____

Day: _____   Date: _____

Day: _____   Date: _____

Day: _____   Date: _____

Day: _____   Date: _____

Day: _____   Date: _____

Day: _____   Date: _____

Day: _____   Date: _____

Day: _____   Date: _____

Day: _____ Date: _____

Day: _____   Date: _____

Day: _____   Date: _____

Day: _____   Date: _____

Day: _____   Date: _____

Made in the USA
Monee, IL
26 January 2022

90008696R00070